NERV NICHT!

Das Anti-Stress-Mitmachbuch

TEENAGER EDITION

LOL VERLAG

IMPRESSUM

© 2024 Petra Lustig
Text von: Elisabeth Zwischenberger
Satz & Layout von: Fezarenç Varan

Verlagslabel: LOL Verlag
Druck und Distribution im Auftrag des Verlags:
LovelyPubli GMBH, Michaelkirchplatz 1, 10179 Berlin, Germany

Das Werk, einschließlich seiner Teile, ist urheberrechtlich geschützt. Für die Inhalte ist der Verlag verantwortlich. Jede Verwertung ist ohne seine Zustimmung unzulässig. Die Publikation und Verbreitung erfolgen im Auftrag des Verlags, zu erreichen unter: LovelyPubli GMBH, Michaelkirchplatz 1, 10179 Berlin, Germany.

BIST DU BEREIT...

... für deine Mission: „Rettung der guten Laune"?

Du steckst im Überlebensmodus zwischen Hausaufgaben, nervigen Lehrern und elterlichen Erwartungen? Fühlst dich wie ein Smartphone mit 1 % Akku? Keine Panik! Dieses Mitmachbuch ist dein persönlicher Notfall-Akku. Hier gibt's keine „Du-schaffst-das"-Pep-Talks oder „Denk-positiv"-Mantras. Nix da! Es ist Zeit, deine ganze Genervtheit, die Wut und das Augenrollen in kreative Energie umzuwandeln. Nimm dir einen Stift und lasse all deine Frustration hier raus. Male, schreibe, kritzle und lache über die Absurditäten deines Alltags. Ready? Los geht's!

TEENAGER: „ICH FÜHLE MICH WIE EIN VOGEL!"
ELTERN: „WEGEN DER FREIHEIT UND DES FLIEGENS?"
TEENAGER: „NEIN, WEIL ICH DAS NEST VERLASSEN UND ÜBERALL HINKACKEN WILL."

NOT ALL HEROS WEAR CAPES!

Auch wenn die Welt da draußen es vielleicht gar nicht mitbekommt — aber du vollbringst jeden Tag echte Heldentaten, wetten!?
Womit hast du heute (fast) die Welt gerettet?

Habe heute eine ganze Schulstunde überlebt, ohne auf mein Handy zu schauen. Ich verdiene eine Medaille.

Habe heute mit jemandem Small Talk geführt, ohne wegzulaufen. Nächstes Ziel: Weltfrieden.

Habe meine Hausaufgaben erledigt, während ich gleichzeitig eine Serie gebinged habe. Multitasking-Level: Experte.

YOU DON'T SAY!

Wusstest du eigentlich, dass... eine Kakerlake bis zu neun Tage ohne Kopf überleben kann, bevor sie verhungert? Also, mach dir keine Sorgen, wenn du dich mal an einem Tag kopflos fühlst. Außer, du mutierst gerade zur Kakerlake. Das wäre natürlich ein berechtigter Grund zur Sorge...

WENN ICH SPONTAN WÄRE ...

Es gibt sooo viele Dinge, die man nicht tun sollte. Zumindest nicht, wenn man nicht für völlig verrückt erklärt werden will. Kein Grund, nicht mal darüber nachzudenken, was man eigentlich alles tun könnte. Schnapp dir einen Stift und schreib ohne nachzudenken drauf los, was du alles tun würdest, wenn du spontan sein könntest. Eine geheime Party im Keller schmeißen, im Unterricht plötzlich einen Witz erzählen, deine*n Beste*n Freund*in küssen? Schreib ALLES auf, was dir spontan in den Kopf kommt.

Wenn ich spontan wäre, würde ich ...

_____
_____
_____
_____
_____
_____

LABYRINTH - MAL ANDERS

Hier geht es nicht darum, den Weg raus zu finden ... sondern jemanden darin einzusperren! Stell dir einfach deine Gute-Laune-Killer-Person vor. Wenn du den Weg gefunden hast, kannst du sie am Ende in die Zelle zeichnen — mit einem dicken Strich verriegeln, nicht vergessen!

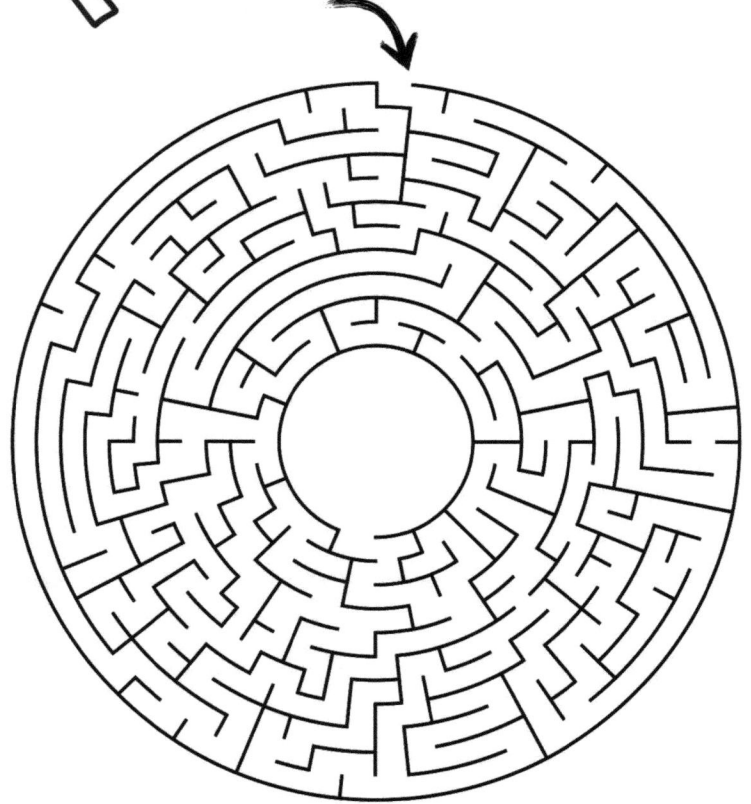

CHATGEFLÜSTER

Denk dir einen lustigen Chat aus zwischen dir und deinem Crush, deiner besten Freunndin, deinem Lehrer o.ä. Worüber? Egal! Einzige Voraussetzung: Diese Emojis müssen vorkommen:

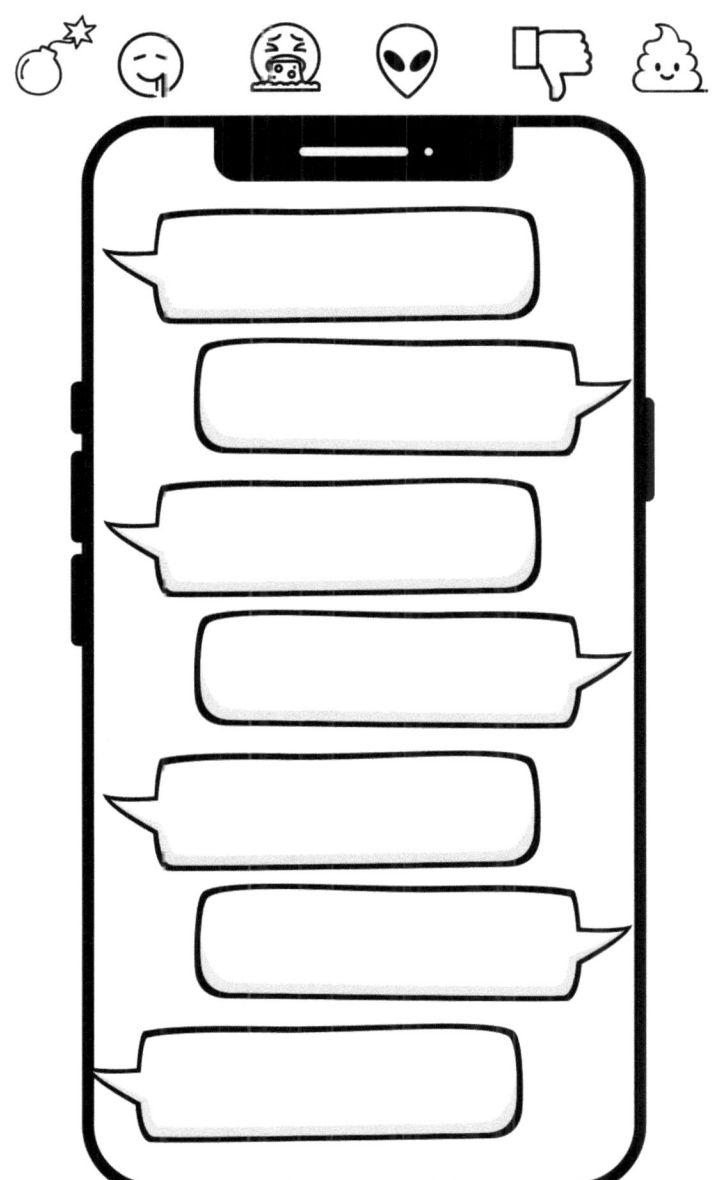

WAS IST NERVIGER?

Eltern, die ständig nachfragen, was du machst ⇐ ⇒ Eltern, die dir nie zuhören, wenn du tatsächlich etwas erzählen willst?

Geschwister, die immer deine Sachen ausleihen und nicht zurückgeben ⇐ ⇒ Geschwister, die ständig in dein Zimmer platzen, ohne anzuklopfen?

Ein ständig leerer Kühlschrank, wenn du Hunger hast ⇐ ⇒ ein Kühlschrank voller Essen, aber nichts davon schmeckt dir?

Gruppenarbeiten, bei denen du alles alleine machst ⇐ ⇒ Gruppenarbeiten, bei denen niemand deine Ideen mag?

Eine Playlist, die immer dieselben Lieder wiederholt ⇐ ⇒ eine Playlist, bei der dir kein einziges Lied gefällt?

INTERNATIONALER FLUCH-CRASHKURS

Sich weiterbilden ist wichtig, klar. Aber die wirklich wichtigen Dinge lernst du wahrscheinlich nicht in der Schule, sondern zum Beispiel in diesem Buch. Glaubst du nicht? Dann schulen wir jetzt mal deine interkulturelle Kompetenz und schauen uns an, wie man in anderen Sprachen flucht. Gern geschehen!

Albanisch: „Möge der Donner dein Klo treffen!"

Armenisch: „Ich werde gegen deinen Hals furzen!"

Bulgarisch: „Du bist so hässlich wie ein Salat!"

Chinesisch (Mandarin): „Deine Mutter ist eine große Schildkröte!"

Finnisch: „Du Knochengeige!"

HA HA HA!

Na, welche Person nervt dich gerade ganz besonders? Denk dir für sie eine fürchterlich peinliche Situation aus und male oder beschreibe sie. Danach füllst du den Rest der Seite mit fröhlichem Auslachen: „Hahahaha"... Viel Spaß!

Ha Ha Ha
Ha Ha Ha

ABSURDER ALIEN-ALLTAG

Der alltägliche Wahnsinn kann schon manchmal ganz schön verrückt sein. Oder auch sterbenslangweilig. Aber jetzt stell dir mal vor, dass Außerirdische uns besuchen und einen Tag in deinem Alltag leben würden. Wie würden die das wohl beschreiben? Schreib die Gedanken des Aliens über deinen Alltag in seinen Kopf.

PSSt, PRANK!

Folge dieser Anleitung und überrasche jemanden mit diesem feuchtfröhlichen Streich.

mindestens genauso wichtig, zu wissen, was man alles auf keinen Fall noch machen will! Heute schreibst du also deine „Anti-Bucket-Liste". Was willst du nie, nie, niemals machen?

Ich gelobe feierlich, dass ich NIEMALS...

freiwillig ein Wochenende mit Mathe-Hausaufgaben verbringen werde!

Socken in Sandalen tragen werde!

mein Handy ins Klo fallen lassen werde!

so peinliche Witze wie meine Eltern reißen werde!

KARMA IS A BITCH

Manchen Menschen wünscht man einfach nur das Beste. Zum Beispiel sowas:

> Möge deine Nase jucken, wenn du beide Hände voll hast.

> Möge dir beim Händewaschen Wasser in die Ärmel laufen.

> Möge jedes Video, das du jemals gucken willst, endlos lange buffern.

> Möge eine Mücke nachts deinen Kopf umkreisen!

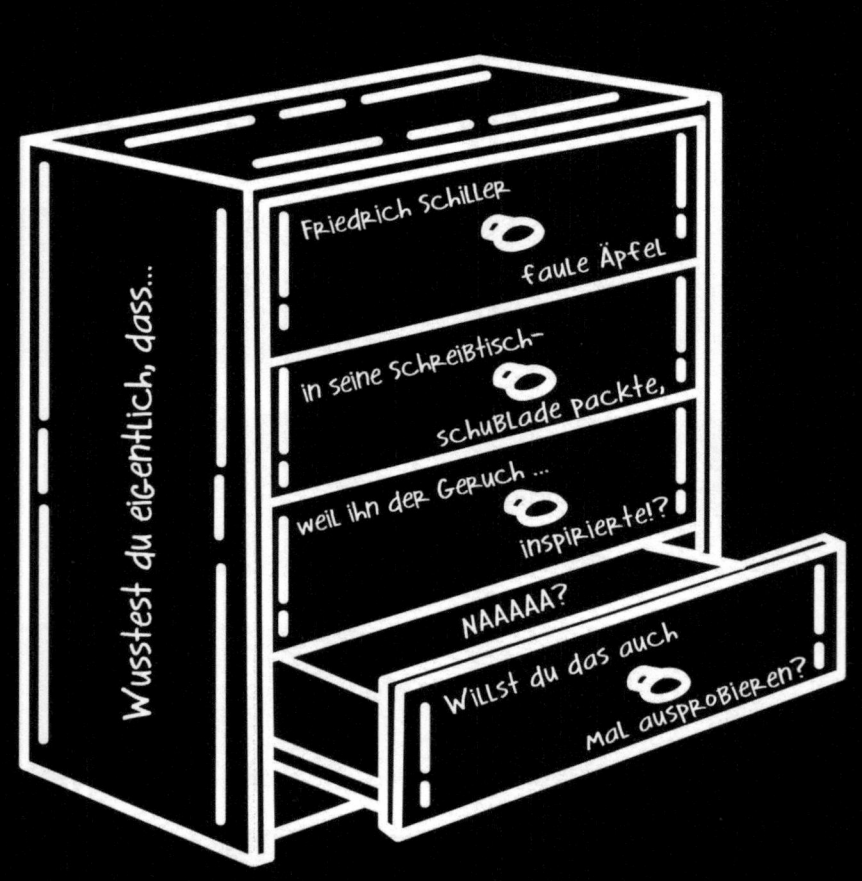

VERSCHÖNERUNGSARBEITEN...
AN DEINEN LEHRERN!

JETZT KANNST DU MAL DEINE KÜNSTLERISCHEN FÄHIGKEITEN IN DIR HERAUSHOLEN. ZEICHNE EINE KARIKATUR VON EINER LEHRERIN ODER EINEM LEHRER. SELBSTVERSTÄNDLICH DARFST DU IHN ODER SIE DABEI NACH HERZENSLUST VERUNSTALTEN!

CHALLENGE ACCEPTED!

FINDEST DU ALLE VERSTECKTEN BELEIDIGUNGEN?

A	X	Z	O	P	K	M	W	N	V	S	O	H	R	N
O	O	Z	L	K	W	G	O	K	Q	S	Q	A	E	R
Z	N	N	S	G	Y	S	S	S	T	F	Y	Y	S	F
A	K	P	P	D	Y	S	S	C	H	W	E	I	N	L
T	L	P	M	C	A	C	Z	E	P	V	T	Y	T	A
N	Q	N	S	C	N	H	B	J	T	T	R	U	L	S
U	U	W	C	Q	S	N	P	I	E	O	O	Z	V	C
E	R	J	H	D	I	O	S	N	Y	W	T	V	H	H
I	W	O	L	P	B	E	Z	T	M	U	T	C	T	E
X	M	G	U	B	D	S	T	L	R	E	E	U	U	J
G	O	R	M	B	H	E	U	R	Y	E	L	E	I	Q
B	B	B	P	W	H	L	X	Y	O	S	B	H	P	I
T	C	Q	F	M	P	C	S	T	B	L	S	E	Y	C
L	A	U	C	H	X	G	E	C	T	Y	L	D	R	H
R	Q	D	D	S	C	H	U	S	S	E	L	U	G	Q

SCHLUMPF
FLASCHE
SCHWEIN
STREBER
NPC
SCHNOESEL
LAUCH
TROTTEL
SCHUSSEL
TROLL

ANTI-STRESS-TAG

Hast du gerade viel um die Ohren? Schule, familiäre Verpflichtungen, Freunde, Hobbys, ... Plan doch mal einen Anti-Stress-Tag. Wie würdest du einen solchen Tag verbringen? Den ganzen Tag im Bett bleiben? Schreib alles auf, was dir einfällt, so detailliert wie möglich. Alles ist erlaubt — nur eben nichts, was Stress machen könnte, versteht sich!

FÜLLE ZUERST DIESE SEITE AUS.
BLÄTTERE ERST DANACH UM
UND TRAGE AUF DEN
NÄCHSTEN SEITEN GENAU
DEINE WÖRTER EIN:

LÜCKEN-LACHER TEIL 1

1. BEWEGUNGSVERB: _____
2. VERRÜCKTE AUSREDE FÜR VERSPÄTUNG: _____
3. LUSTIGER AUSRUF: _____
4. NACHNAME LEHRER/IN: _____
5. ADJEKTIV: _____
6. EIN UNGEWÖHNLICHER GEGENSTAND: _____
7. EINE PROMINENTE PERSON: _____
8. EIN SINNLOSES TALENT, DAS NIEMAND BRAUCHT: _____
9. GERÄUSCH, DAS MAN SELBER MACHT: _____
10. ADJEKTIV: _____
11. ETWAS, WAS MAN JEMANDEM GEBEN KANN: _____
12. VERRÜCKTE, UNERWARTETE AKTION: _____
13. EIN KÖRPERTEIL: _____
14. LUSTIGE LEKTION FÜRS LEBEN: _____
15. VERB, WAS DU GERNE MAL IN DER SCHULE MACHEN WÜRDEST: _____
16. NAME MITSCHÜLER: _____
17. NAME MITSCHÜLERIN: _____
18. VERB, DAS KRACH MACHT: _____
19. VERRÜCKTES VERB: _____
20. MÖBELSTÜCK IM KLASSENRAUM: _____
21. TIER: _____
22. TIERGERÄUSCH: _____
23. AUSRUF, WENN DIR PLÖTZLICH ETWAS KLAR WIRD: _____
24. ADJEKTIV: _____

LÜCKEN-LACHER TEIL 2

Als ich am Montagmorgen in die Schule _____ (Bewegungsverb), ist niemand mehr in den Gängen. Ich bin wieder einmal zu spät, weil _____ (verrückte Ausrede für Verspätung). Ich klopfe also an die Tür. „_____ (lustiger Ausruf)" ertönt es mir von innen entgegen. Herr / Frau _____ (Nachname Lehrer*in) hat heute scheinbar besonders _____ (Adjektiv) Laune. Noch bevor ich meine Entschuldigung zu Ende murmeln kann, unterbricht mich Herr / Frau _____ (Nachname Lehrer*in): „Ach, das kennen wir doch alle, kein Problem! Jetzt schnapp dir erstmal _____ (einen ungewöhnlichen Gegenstand) und setz sich zu _____ (prominente Person). Wir haben heute hohen Besuch! _____ (Prominente Person) hat nämlich ein wichtiges Anliegen. Er / sie möchte, dass alle Jugendlichen der Welt etwas ganz Bestimmtes lernen, was er/sie selbst viel zu spät im Leben erst gelernt hat, und zwar: _____ (ein sinnloses Talent, das niemand braucht).

Ich _____ (Geräusch, das man selber macht). Ich kann nicht glauben, was hier gerade vor sich geht. _____ (Prominente Person) acht mich _____ (Adjektiv) an und gibt mir _____ (etwas, was man jemandem geben kann). Ich bin zutiefst gerührt! Noch bevor ich mich angemessen bedanken kann, springt _____ (Prominente Person) plötzlich auf und _____ (verrückte, unerwartete Aktion).

„So, und jetzt üben wir! Dafür nehmen alle jetzt ihre Gegenstände und balancieren sie mit _____. Das ist die erste Übung. Dadurch lernt
(einem Körperteil)

ihr _____. Danach
         (eine lustige Lektion fürs Leben)

_____
(Verb, was du gerne mal in der Schule machen würdest)

wir alle zusammen. Wichtig: Je Lauter, desto besser! Das lässt sich natürlich keiner zweimal sagen.

_____ hält sich die Ohren zu,
(Name Mitschüler)

_____ _____ und
(Name Mitschülerin)   (Verb, das Krach macht)

_____ _____ dazu im Takt auf/im
(Name Lehrer)   (verrücktes Verb)

_____. Kein Wunder, dass bei
(Möbelstück im Klassenraum)

dem ganzen Trubel keiner hört, dass längst unser

Schul-_____ mit einem Lauten _____ das
      (Tier)   (Tiergeräusch)

Ende der Stunde verkündet hat.

Das _____ wird Lauter. Plötzlich fällt mir
    (Tiergeräusch)

auf: „_____! Das
      (Ausruf, wenn dir plötzlich etwas klar wird)

ist mein Wecker! Ich sollte mir dringend einen neuen Klingelton einstellen. Kein Wunder, dass ich so

_____ Träume habe!" Müde schlupfe ich in
(Adjektiv)

meine Hausschuhe und mache mich bereit für den Tag. Heute startet die Projektwoche. Wer weiß, was mich erwartet...

MEIN ETWAS ANDERES DANKBARKEITSTAGEBUCH

ES GIBT IMMER EINEN GRUND, UM DANKBAR ZU SEIN.
MAN MUSS IHN NUR FINDEN.

> Ich bin dankbar für meine Geschwister, die mich immer daran erinnern, wie schön es ist, die Schuld auf jemand anderen schieben zu können.

> Ich bin dankbar für Eltern, die "Nein" sagen, damit ich die Kunst des Verhandelns und Überredens üben kann.

Verschönere diese Seite mit einem abstrakten

KRICKELKRAKEL-KUNSTWERK!

LEHRERGEHEIMNISSEN
AUF DER SPUR

Schon mal darüber nachgedacht, dass Lehrerinnen und Lehrer eigentlich in der Schule wohnen? Oder darüber, dass sie Zeitreisende aus der Zukunft sein könnten und deshalb so einen Stress machen mit Dingen, die du in der Zukunft brauchst? Oder darüber, dass sie eine geheime Sprache haben, in der sie heimlich über Schülerinnen und Schüler sprechen?

_____
_____
_____
_____
_____
_____
_____
_____
_____
_____
_____
_____
_____

Denk dir hier ein paar lustige Verschwörungstheorien aus. Und wer weiß: Vielleicht bist du da was ganz Großem auf der Spur!

KREATIVES KNEIFEN

Du kennst das: Der Nachbar, den du noch nie leiden konntest, lädt dich zu seinem Klavierkonzert ein, deine Cousine zweiten Grades feiert ihr Sweet Sixteen mit einer peinlichen Mottoparty, oder dein Klassensprecher organisiert ein "super cooles" Treffen am Wochenende. Manchmal gibt es einfach Events, bei denen du echt eine gute Ausrede brauchst. Wie wäre es mit diesen Ideen?

> Ich würde echt gerne kommen, aber ich muss meinen Zimmerpflanzen beim Wachsen zusehen. Sie brauchen gerade echt viel emotionale Unterstützung.

> Leider muss ich absagen. Meine Socken haben ein großes Treffen geplant, um endlich ihre Partner wiederzufinden. Kann ich nicht verpassen!

> Es tut mir leid, aber ich habe einen Marathon... einen Serienmarathon. Ich bin schon bei Staffel 3 und kann meine Charaktere jetzt nicht alleine lassen.

> Ich kann leider nicht kommen, ich muss meine Schokoladenvorräte sortieren und zählen. Ich glaube, ich habe einige verloren.

LASS SCHLECHTE LAUNE ziehen

NIMM EIN BLATT PAPIER. ZEICHNE ODER SCHREIBE ALL DEINE GEDANKEN AUF, DIE DIR SCHLECHTE LAUNE MACHEN. FALTE DAS BLATT WIE IN DER ANLEITUNG ZU EINEM PAPIERFLIEGER. GEH NACH DRAUSSEN UND LASS DEN FLIEGER DAVONFLIEGEN.
ES IST OKAY, WENN ER IRGENDWO IM MATSCH LANDET.

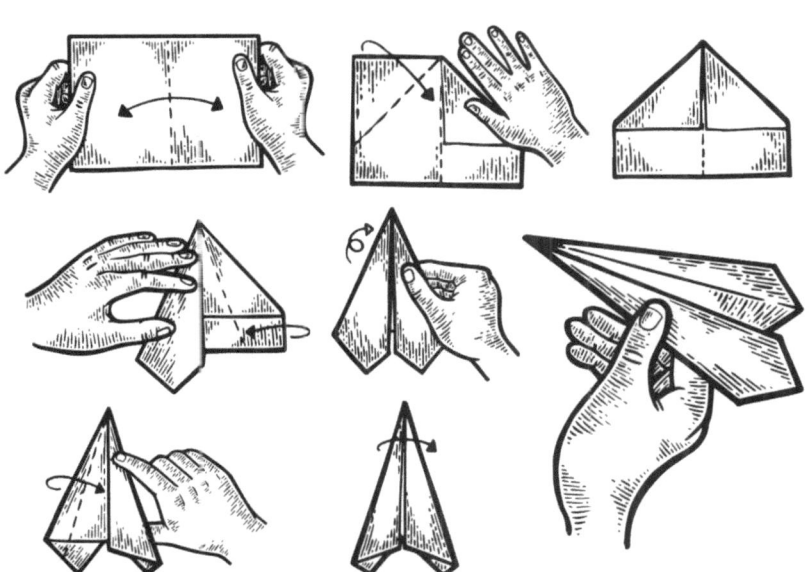

BOAH NEE!

WIE GUCKST DU, WENN DU ULTRAGENERVT BIST?
ZEICHNE HIER DEIN GENERVTES GESICHT!

... UND, WIE GUT HAST DU DICH GETROFFEN? KLEBE HIER EIN FOTO ZUM VERGLEICH REIN. GUCK DABEI SO GENERVT DU KANNST!

ACH, DU SCHEISSE!

EIN BISSCHEN ALLGEMEINBILDUNG GEFÄLLIG? DIESE FAKTEN BEEINDRUCKEN DICH GARANTIERT!

1. Im Jahr produziert jeder Mensch gute 80 Kilo Kot.

2. Pandas sind sogar noch produktiver: Sie produzieren täglich ganze zehn Kilo Kot!

3. 80% der Deutschen nehmen ihr Smartphone mit auf die Toilette.

4. Jeder von uns verbringt im Laufe seines Lebens etwa ein ganzes Jahr auf dem Klo.

5. Auf einem Küchenschwamm befinden sich 200.000 mal mehr Bakterien als auf einer Klobrille.

WILDER WUNDER-WUNSCHZETTEL

JA, IST DENN SCHON WIEDER WEIHNACHTEN? NÖ, ABER EINEN WUNSCHZETTEL SCHREIBEN KANN MAN NATÜRLICH TROTZDEM. KRÖTENPLAGE IN DER TURNHALLE? EINHÖRNER STATT SCHULBUS? SCHOKOPIZZA ALS STANDARD-MENSA-ESSEN? ÜBERLEG DIR EIN PAAR VERRÜCKTE IDEEN, WIE DEINE WELT EIN BISSCHEN SCHÖNER, LUSTIGER ODER SPANNENDER WÄRE.

- ○ _____
- ○ _____
- ○ _____
- ○ _____
- ○ _____
- ○ _____
- ○ _____
- ○ _____

Ich bin nicht faul! Ich bin im Energiesparmodus.

DER PUBERTÄTS-PROBLEMPAKT

Es ist gut, mit manchen Dingen nicht allein zu sein. Gründe mit deinen Freunden eine Selbsthilfegruppe für die nervigen Alltagsprobleme. Der Handyakku verabschiedet sich immer genau dann, wenn das Ladekabel schier unendlich weit entfernt ist? Die Suche nach der Sinnhaftigkeit der Schulthemen verläuft erfolglos? Der Kühlschrank ist voller Essen und trotzdem ist nichts wirklich Essbares dabei? Egal, was eure Probleme sind — benennt sie und sprecht einander Mut zu! Bessere Zeiten werden kommen!

CHALLENGE ACCEPTED!

T	S	F	T	J	H	A	U	S	A	U	F	G	A	B	E	N
Q	J	C	A	L	N	Q	E	W	P	L	E	H	R	E	R	G
T	S	G	H	H	K	A	B	E	L	S	A	L	A	T	U	L
J	P	K	S	M	F	I	Q	Z	Q	T	Y	U	B	A	A	I
U	K	I	X	T	U	R	E	G	G	F	Z	U	C	E	W	E
G	A	R	F	H	G	D	A	A	U	Y	F	X	V	A	P	B
S	D	Z	N	J	Z	Y	D	D	Z	L	H	R	H	I	E	E
U	T	E	A	O	Z	R	V	E	P	F	Y	Z	E	T	Q	S
R	E	R	H	H	D	L	I	V	L	A	H	P	B	U	L	K
P	L	M	E	W	N	U	R	L	T	W	N	T	L	I	I	U
G	T	H	C	I	A	A	D	I	Y	V	E	N	A	C	J	M
E	E	N	A	J	T	E	R	P	B	Q	X	T	E	F	J	M
N	R	S	V	I	G	D	M	Z	L	S	D	E	T	Y	C	E
S	N	Q	Y	I	C	T	E	F	T	Y	W	E	E	E	B	R
S	C	H	U	L	S	T	R	E	S	S	C	W	Z	U	R	R
O	P	A	U	F	R	A	E	U	M	E	N	C	P	A	S	J
F	N	M	N	N	I	N	T	C	P	L	D	K	K	D	N	M

Findest du die 11 nervigen Dinge?

SCHMUDDELWETTER SCHULSTRESS HAUSAUFGABEN ELTERN
AUFRAEUMEN LEHRER LIEBESKUMMER
STREIT ZAHNARZT KABELSALAT
FAHRRADPANNE

BULLSHITBINGO

Lust auf ne Runde Bullshitbingo? Hake einfach alles ab, was dir heute passiert ist. Wie lange dauert es, bis du eine Reihe voll hast (horizontal, vertikal oder diagonal)?

Hausaufgaben in letzter Minute	WLAN bricht mitten im Spiel ab	Eltern fragen nach Hausaufgaben	Lehrer gibt unangekündigten Test
Dein Crush ignoriert dich	Geschwister nehmen dein Ladegerät ohne zu fragen	Lieblingsessen ist alle	Handyakku stirbt unterwegs
Freund sagt in letzter Minute ab	Eltern verhalten sich peinlich vor Freunden	Du sollst dein Zimmer aufräumen	Lehrer redet über sein persönliches Leben
Jemand spoilert einen Film oder eine Serie	Stundenlang warten auf eine Antwort von Freunden	Eltern verstehen „die Technik" nicht	Mitschüler schläft im Unterricht

NOT ALL HEROS WEAR CAPES!

Es wird wieder Zeit, deine heutigen Heldentaten zu ehren! Aufgestanden, ohne zu fluchen? Das Handy einen ganzen Tag nicht verlegt? Eine Stunde ohne Social Media überlebt? Egal was es ist — du kannst stolz drauf sein!
Male diese wohl verdiente Urkunde aus.

HELDENTATEN-URKUNDE

Hiermit wird bescheinigt, dass

_____ eine außergewöhnliche Leistung vollbracht hat, die in den Annalen der Geschichte festgehalten werden muss:

_____
_____
_____

Für diese beeindruckende Tat wird
_____ hiermit die höchste Auszeichnung der Jugendgalaxie verliehen: Der Goldene Daumen nach oben!

KARMA IS A BITCH

Deine Mitmenschen könnten bestimmt wieder ein paar gute Wünsche von dir gebrauchen. Oder?

Möge dein Nachbarskind mit Querflöte anfangen — ohne Talent!

Mögest du in dein Essen statt Salz Zucker schütten!

Möge es keine neue Staffel deiner Lieblingsserie geben!

Möge in deinem Überraschungsei immer das gleich drin sein!

ENTSPANNUNG pur

DIE ELTERN NERVEN, DIE LEHRER SOWIESO UND ÜBERHAUPT IST GERADE ALLES DOOF? PROBIER'S MAL MIT DIESEN TIPPS. SO KLAPPT DAS MIT DER ENTSPANNUNG BESTIMMT!

Stelle dir vor, du wärst ein Faultier und mach einfach mal nichts. GAR nichts.

Schließe die Augen und stelle dir vor, du wärst ein Superheld, der die Welt rettet. Nimm dir Zeit, um dich auszuruhen und neue Kräfte zu sammeln. Die Welt braucht dich!

Stelle dir vor, du wärst ein Chamäleon und passe dich an deine Umgebung an. Na, findet dich jemand auf dem Sofa?

Sei ein Ninja und versuche, Dich so leise wie möglich durch Dein Zuhause zu bewegen.

TIC TAC TOD

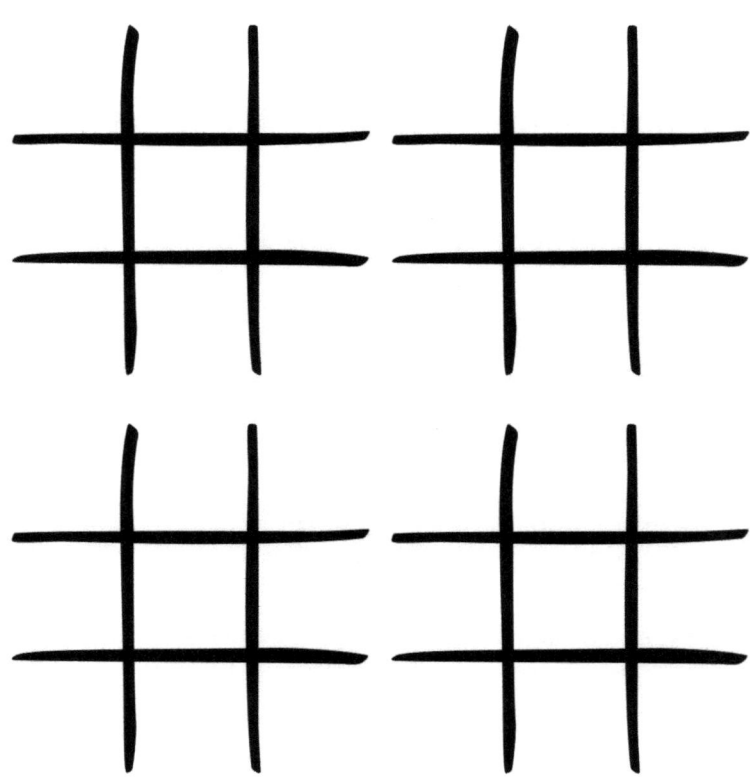

Such dir eine*n Mitspieler*in. Zusammen zockt ihr den Anti-Langeweile-Klassiker Tic Tac Toe — aber in der „Tic Tac Tod" Variante. Statt X und O denkt ihr euch andere Symbole aus. Vielleicht Kackhaufen und Totenkreuze? Oder Mittelfinger und Krickelkrakel?

KLOWEISHEITEN

Ein guter Tag beginnt mit einem guten Stuhlgang.

Das Leben ist wie eine öffentliche Toilette: Man weiß nie, was einen erwartet.

Ob das Klo wohl jemals denkt: "Mensch, ich bekomme wirklich nur Scheiß zu sehen"?

YOU DON'T SAY!

Wusstest du eigentlich, dass ... der Pillendreherkäfer das stärkste Tier der Welt ist? Er kann das 1141-fache seines eigenen Körpergewichts tragen.

Also: Egal, wie klein du dich manchmal fühlst und egal, wie groß deine Belastung scheint — entdecke den Pillendreherkäfer in dir!

INTERNATIONALER FLUCH-CRASHKURS

Es wird wieder Zeit für ein bisschen interkulturelle Bildung! Hier ein paar schöne Beleidigungen aus anderen Ländern:

China: „Du bist ein schimmelndes Ei"

Armenien: „Ich verbrenne deine Schamhaare"

Italien: Du Schweinegott!

Iran: Friss doch deinen Vater!

Türkei: Sohn einer Gurke!

CHALLENGE ACCEPTED!

Na, was sind die jeweiligen Anfänge und Enden der gesuchten SCHIMPFWÖRTER?

Horizontal ▶

(1) KLUG-
(4) -plauderer
(5) Jammer-
(7) -meier
(9) -Nichts

Vertikal ▼

(2) Laber-
(3) Gries-
(6) -strippe
(8) stink-
(10) -Kriecher

MEIN ETWAS ANDERES DANKBARKEITSTAGEBUCH

Ein bisschen Dankbarkeit verhilft einem zu einem positiveren Blick auf's Leben. Probier's aus!

Ich bin dankbar für langsames Internet, das mich lehrt, Geduld zu haben — besonders mitten in einem Onlinespiel.

Ich bin dankbar für Hausaufgaben am Wochenende, sie geben mir einen Grund, mein Zimmer nicht aufräumen zu müssen.

Ich bin dankbar für unerwartete Tests in der Schule, die meine Fähigkeit zum Improvisieren verbessern.

DIR IST HEUTE NICHT ZUM LACHEN ZUMUTE? VIELLEICHT BRINGEN DICH JA DIESE UNFASSBAR SCHLECHTEN WITZE ZUM SCHMUNZELN?

Was sitzt auf einem Baum und ruft „Aha"? Ein Uhu mit Sprachfehler.

Geht ein Cowboy zum Friseur. Kommt er raus ... Pony weg!

Wer wohnt im Dschungel und schummelt immer? Mogli!

Was essen Autos am liebsten? Parkplätzchen!

Was sagt der große Stift zum kleinen Stift? Wachs-mal-stift!

CHALLENGE ACCEPTED!

P	D	G	R	J	I	G	G	M	S	F	U	F	N	I
N	O	F	U	M	R	L	H	F	P	U	U	Y	Y	I
C	L	R	B	F	A	W	E	O	L	K	J	Y	N	X
R	P	I	B	L	X	C	N	H	S	T	R	X	A	K
I	M	E	S	I	F	H	H	M	U	T	Q	L	J	G
N	J	N	X	R	R	R	B	O	N	P	I	H	I	K
G	Q	D	D	T	W	J	E	S	G	V	I	N	B	D
E	P	Z	U	F	F	Q	O	N	T	E	U	Q	G	E
Z	Q	O	Z	A	V	A	M	T	E	R	H	C	I	T
S	P	N	J	I	S	T	Y	V	U	M	E	A	M	M
O	Z	E	J	L	U	T	G	Q	W	T	Y	I	B	O
W	B	Z	I	C	K	E	N	K	R	I	E	G	T	E
P	W	K	I	T	S	C	H	H	N	W	D	Y	B	A
L	N	C	Q	E	G	O	T	R	I	P	Y	I	A	D
T	U	U	F	H	T	F	Z	T	A	D	R	A	M	A

Diese Wörter sind versteckt:

CRINGE KITSCH GHOSTING DRAMA FRIENDZONE FRENEMY MACHOGEHABE FLIRTFAIL STREIT ZICKENKRIEG EGOTRIP

FRUSTFREI *freestyle*

DU BIST GENERVT? GESTRESST? SAUER?
LASS ES RAUS! ZUM BEISPIEL SO:

Stell dir vor, du wärst ein wütender Gorilla und tobe wild in der Gegend herum.

Nimm dir ein Stück Luftpolsterfolie und lasse akribisch jede einzelne Blase platzen..

Nimm eine Schimpftirade auf und hör dir danach an, wie albern das klingt.

Veranstalte eine Kissenschlacht (oder schreie laut in ein Kissen)

Mach deine Lieblingsmusik an und deine Zimmertür zu — und tanze wie verrückt durch das Zimmer. Also wortwörtlich: als seist du verrückt! So wild und bescheuert du nur kannst!

HÄNDE HOCH!

Wie geht's dir gerade?

KREISE EIN, MALE AUS – ODER KRITZLE ALLE NICHTZUTREFFENDEN HÄNDE KOMPLETT ZU.

KRAFTTIER-POWER

NA, WAS IST DEIN KRAFTTIER?
SIEHT ES VIELLEICHT SO AUS?

IST DAS KUNST ODER *kann das weg?*

Zeichne...

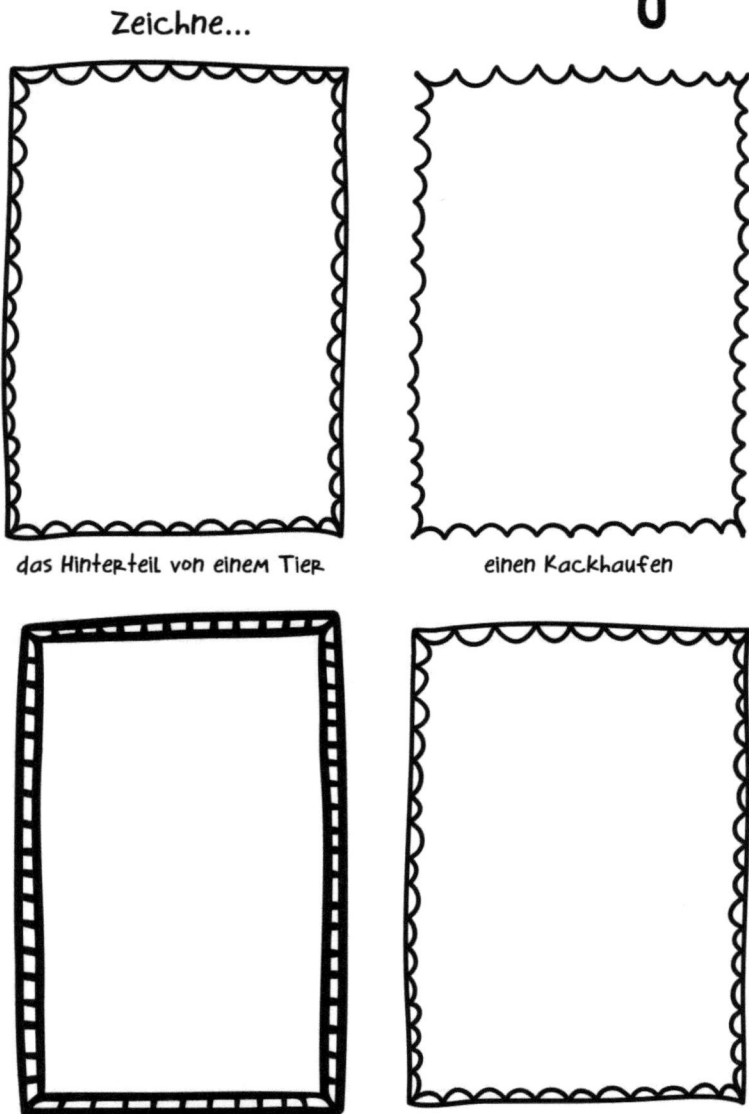

das Hinterteil von einem Tier

einen Kackhaufen

einen Penis (hihihi!)

einen schlecht gelaunten Alien

HAUSAUFGABEN VERSENKEN

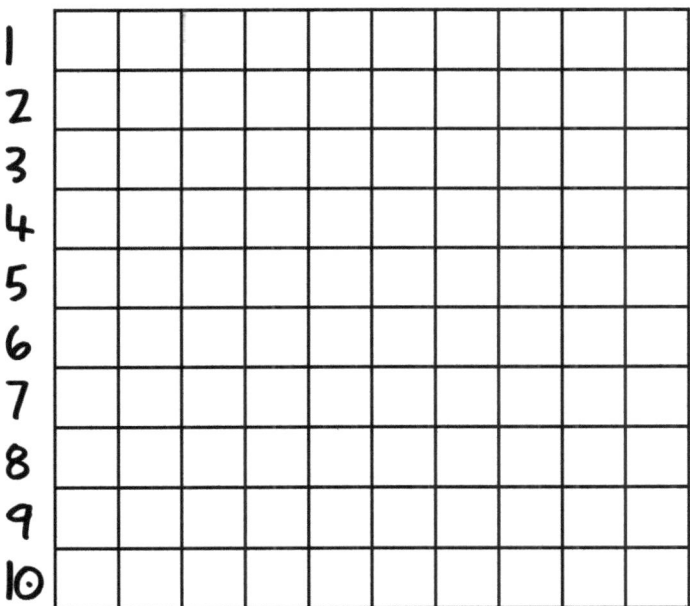

Bekanntlich werden Hausaufgaben von Containerschiffen ins Land gebracht! Such dir eine*n Mitspieler*in. Spielt zusammen "Schiffe versenken" und lasst all eure Hausaufgaben untergehen!

So geht's: Reiße diese Seite und die nächste raus. Sucht euch einen Platz, sodass ihr gegenseitig eure Blätter nicht sehen könnt. Jeder malt jetzt verschieden große Schiffe in das Feld auf dieser Seite. Es gibt ein Schlachtschiff (5 Felder lang), einen Kreuzer (4 Felder lang), zwei Zerstörer (je drei Felder lang) und zwei U-Boote (je zwei Felder lang).

Jetzt versucht ihr nacheinander, eure Schiffe zu versenken, indem ihr sagt, wo ihr angreift (z. B. B5). Die angegriffene Person antwortet entweder „Treffer" oder „Wasser" – oder „Treffer versenkt", wenn ein Schiff versenkt wurde. Markiert euch auf dem leeren Spielfeld auf der Rückseite, eure Versuche. Wer als Erstes alle Schiffe des Gegners versenkt, gewinnt.

	A	B	C	D	E	F	G	H	I	J
1										
2										
3										
4										
5										
6										
7										
8										
9										
10										

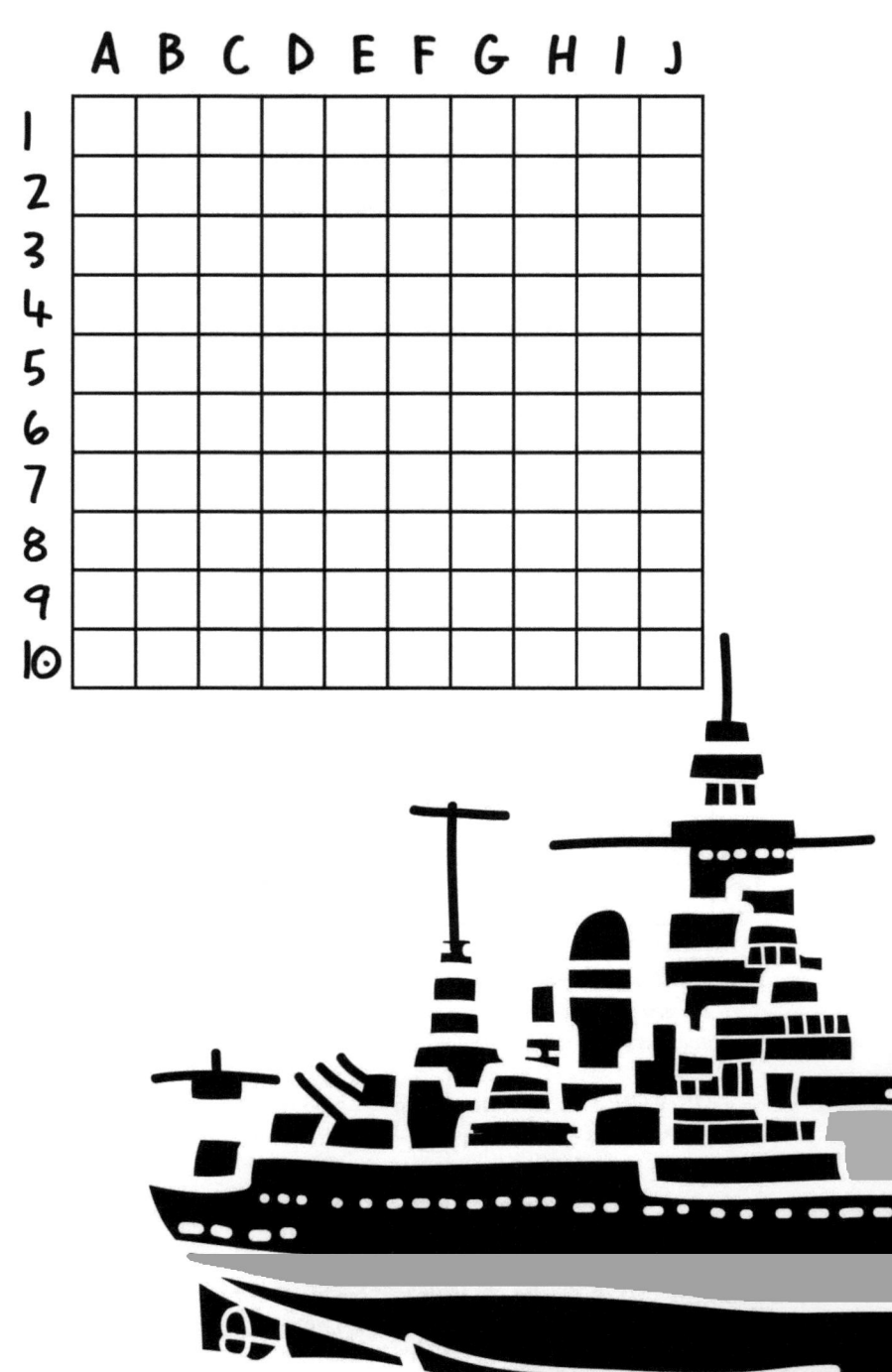

	A	B	C	D	E	F	G	H	I	J
1										
2										
3										
4										
5										
6										
7										
8										
9										
10										

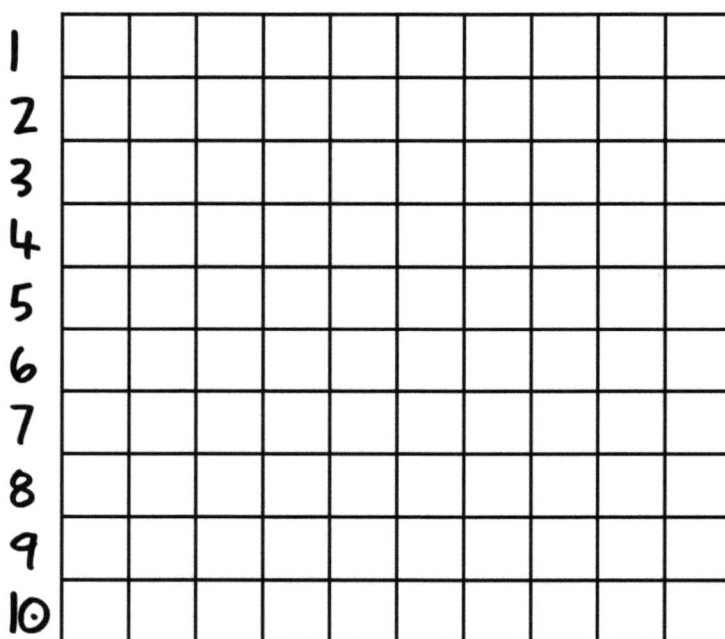

EMOJI-BELEIDIGUNGEN

NA, KOMMST DU DAHINTER, WAS DIESE EMOJI KOMBINATIONEN AUSSAGEN?

💰 ✖ 🐷 _____

🍑 🍩 _____

🎉 🔪 _____

💩 ❗ _____

🔥 🚿 _____

🍑 🎻 _____

🚗 ➡ 😈 _____

DIE ULTIMATIVE GEHT-GAR-NICHT-LISTE

WENN DU JETZT DENKST, DU HAST JA EIGENTLICH GAR KEINEN GRUND, SO RICHTIG GENERVT ZU SEIN, THINK AGAIN! AUCH SCHEINBARE KLEINIGKEITEN KÖNNEN EIN BERECHTIGTER GRUND FÜR SCHLECHTE LAUNE SEIN!

MEINE „GEHT-GAR-NICHT-LISTE":

- ○ Kaugeräusche beim Essen
- ○ wenn Leute langsam hinter mir gehen, aber nicht überholen
- ○ unangekündigte Spoiler meiner Lieblingsserie
- ○ _____
- ○ _____
- ○ _____
- ○ _____

STADT, LAND, FLUCHT

Fluchtfahrzeug, um aus dem Alltag zu fliehen	Ausrede für fehlende Hausaufgaben	Größter Fauxpas beim ersten Date	Entspannungsmethode, die niemand außer dir kennt	Wundermittel gegen Langeweile

Das Spiel „Stadt, Land, Fluss" kennst du bestimmt. Schnapp dir eine*n Mitspieler*in, reißt diese und die nächste Seite raus. Ihr zählt aus, mit welchem Buchstaben es losgeht und füllt dann — möglichst kreativ, versteht sich — die Kategorien aus. Hast du etwas, wo dein Gegenüber nichts geschrieben hat, bekommst du 20 Punkte. Habt ihr beide etwas stehen, gibt es für jeden 10 Punkte und bei der gleichen Antwort 5. Vielleicht wollt ihr Extrapunkte für besonders witzige Antworten vergeben? (Überlegt euch dann am besten schon mal eine unvoreingenommene Jury, die im Zweifel entscheidet).

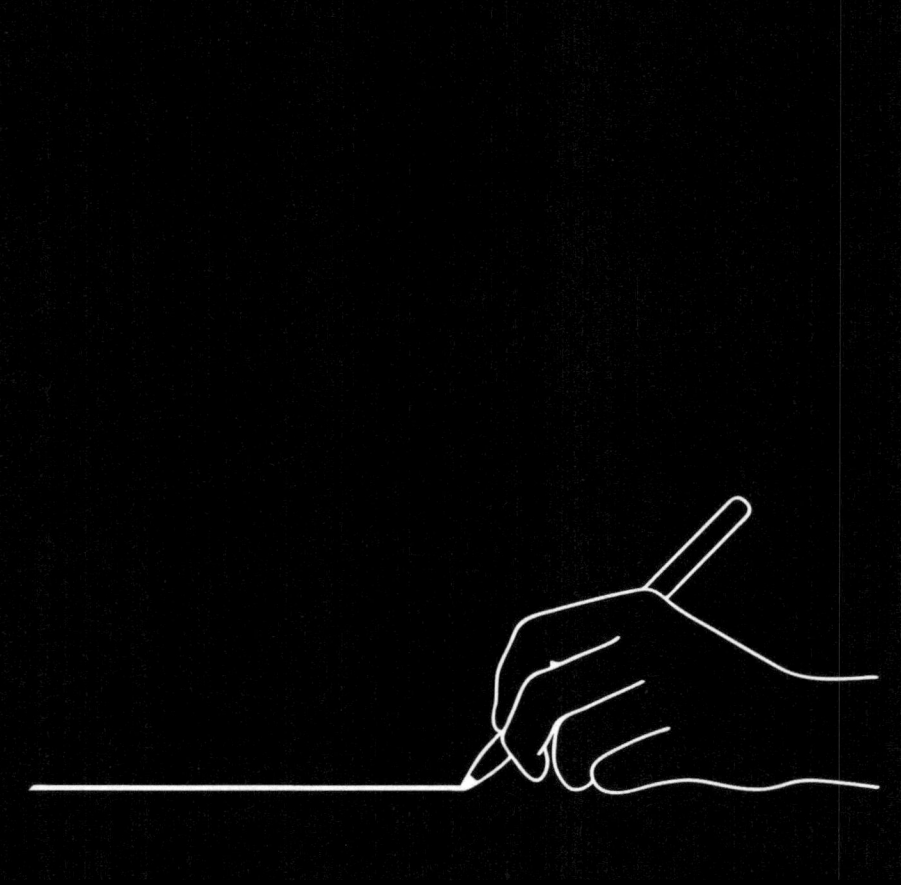

Fluchtfahrzeug, um aus dem Alltag zu fliehen	Ausrede für fehlende Hausaufgaben	Größter Fauxpas beim ersten Date	Entspannungsmethode, die niemand außer dir kennt	Wundermittel gegen Langeweile

STADT, LAND, FLUCHT

REIME DER RAGE

Was eignet sich besser, um Gefühle auszudrücken als Gedichte? Denk an alles, was dich in den Wahnsinn treibt, oder an eine ganz bestimmte Person, die dich jeden Tag aufs Neue höllisch nervt. Widme ihr oder dem ganzen ätzenden Alltagsstress ein Gedicht. Baue dabei die folgenden Wörter ein:

PUDDINGHIRN, STINKESOCKE, PAMPIG, SCHNARCHEN, STOLPERN, GRUMMELN.

Du hast so gar keinen Bock, ein Gedicht zu schreiben? Dann kritzle deine Wut darüber heraus, dass jemand auf die bescheuerte Idee kommt, du würdest ein Gedicht schreiben!

KACK KOMMENTARE

SCHREIBE WÖRTER ODER SÄTZE, DIE DU NICHT MEHR HÖREN KANNST, IN DIE KACKHAUFEN.

MITTELFINGER-MEISTERWERK

MALE DIESEN MITTELFINGER AUS. STELL DIR DABEI VOR, WIE DU IHN JEMANDEM GANZ BESTIMMTEM UNTER DIE NASE HÄLTST.

PSSt, PRANK!

Habt ihr besonders nervige Nachbarn? Oder willst du deinen Eltern mal einen kleinen Schrecken einjagen? Dann befestige einfach einen Zettel mit dem Text: "Sorry für die Kratzer" an der Windschutzscheibe ihres Autos. Aus sicherer Entfernung kannst du dann beobachten, wie sie verwirrt das ganze Auto absuchen.

GUTER RAT = SCHLECHTE LAUNE!

Es gibt wenige Dinge, die nerviger sind als gute Ratschläge, wenn man nicht danach gefragt hat und einfach nur mal schlechte Laune haben will. Schreib einen — ganz bestimmt ganz furchtbar nett gemeinten — Ratschlag auf, der dich tierisch nervt und kritzle die gesamte Seite danach komplett zu, bis nichts mehr davon zu sehen ist.

ANTI-INSPI (ration)!

Egal, ob auf Postkarten oder auf Hauswänden – überall grinsen uns glückliche Menschen entgegen, kombiniert mit fürchterlich inspirierenden und motivierenden Sprüchen. „Ich kann das"?! Schön, aber was, wenn ich gar nicht will? Denk dir heute einen coolen „Anti-Motivationsspruch" aus. Wenn du willst, bastle daraus doch gleich ein richtiges Poster ... hässlich anzuschauen und garantiert demotivierend!

WÜRDEST DU LIEBER...

Bei jeder Antwort in der Schule laut furzen   immer, wenn dein Crush in der Nähe ist, laut singen?

eine Woche lang jeden Tag eine Arbeit in deinem Hassfach schreiben   eine Woche ohne Handy leben?

dem/der schlimmsten Lehrer*in der Schule an einem Tag fünf völlig übertriebene Komplimente machen einen Tag schwänzen — mit allen Konsequenzen?

in jeder Pause eine Runde um das Schulgelände joggen jeden Morgen vor Unterrichtsbeginn einen kleinen Tanz im Klassenraum aufführen?

einen Tag im Pyjama zur Schule gehen in einem Affenkostüm?

AGGRESSIOOOOON!

MALE HIER (D)EINEN WILDEN WUTAUSBRUCH! KRITZLE ALLES RAUS!

ERWECKE DEIN INNERES ANTI

Heute bist du Anti-Alles! Vor allem Anti-Gute-Laune! Schreib Zitate deiner gut gelaunten Mitmenschen auf und male dein inneres „Anti", das herzhaft darüber kotzt. Gute Laune ist schließlich echt zum Kotzen!

DEIN bitternötiger BELEIDIGUNGSBAUKASTEN

Neue Schimpfwörter gefällig? Hier hast du einen Baukasten zum Schimpfwörter-Basteln. Füge einfach die Teile zusammen, die sich für deine Hass-Person passend anhören.

Glitschige/r	Furz-	Wanze
Klapprige/r	Dreck-	Haufen
Müffelnde/r	Stampf-	Molch
Labbrige/r	Matsch-	Rüssel
Siffige/r	Stink-	Pickel
Minderbemittelte/r	Schrumpf-	Beule
Klebrige/r	Wackel-	Schwarte
Miese/r	Eiter-	Haufen
Stumpfe/r	Runzel-	Knolle

DEINE LIEBLINGSBELEIDIGUNG:

Die restlichen Seiten dieses Buches wollen zerstört werden! Reiße, schneide, schnipsle und schmiere, was das Zeug hält!

DIE verfluchte SEITE

Erinnere dich an etwas zurück, was du am liebsten für immer vergessen würdest. Vielleicht hast du was schrecklich Peinliches erlebt? Schreibe es kurz auf diese Seite. Dann verfluchst du die Seite mit einem fiesen Fluch und vernichtest sie grausam.
Egal, wie – Hauptsache sie ist für immer verschwunden.

_____
_____
_____
_____
_____
_____
_____
_____
_____
_____
_____
_____
_____
_____
_____
_____
_____

VOODOO

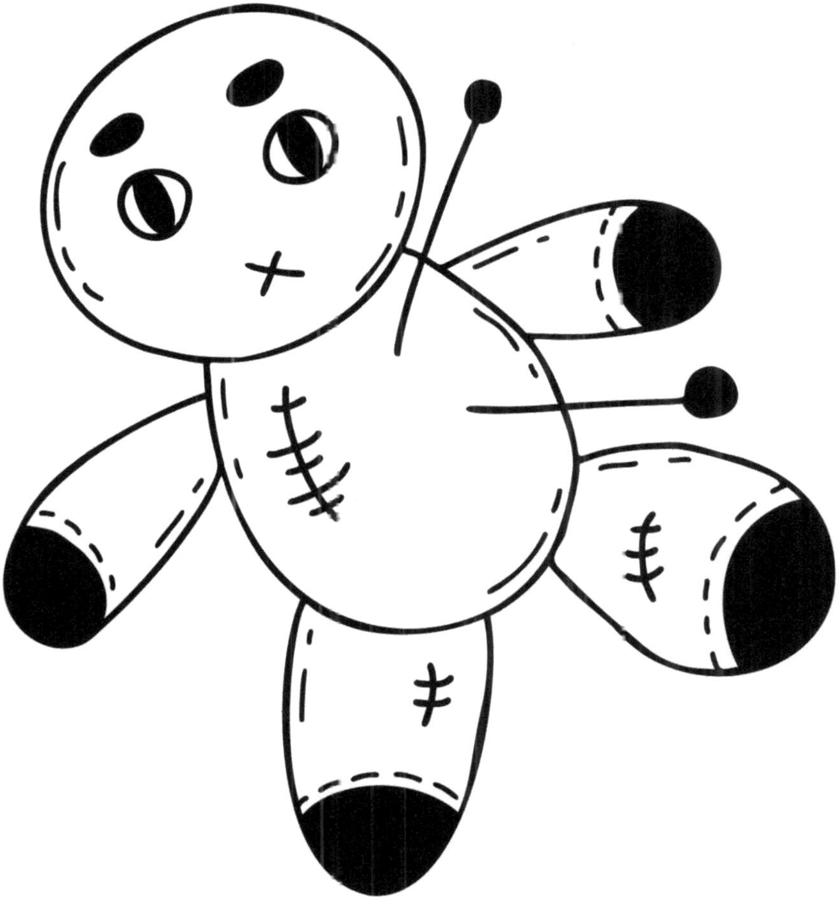

Stell dir vor, diese Voodoo Puppe wäre deine Hassperson. Stich mit einem Stift überall da rein, wo es ihr so richtig wehtun soll!

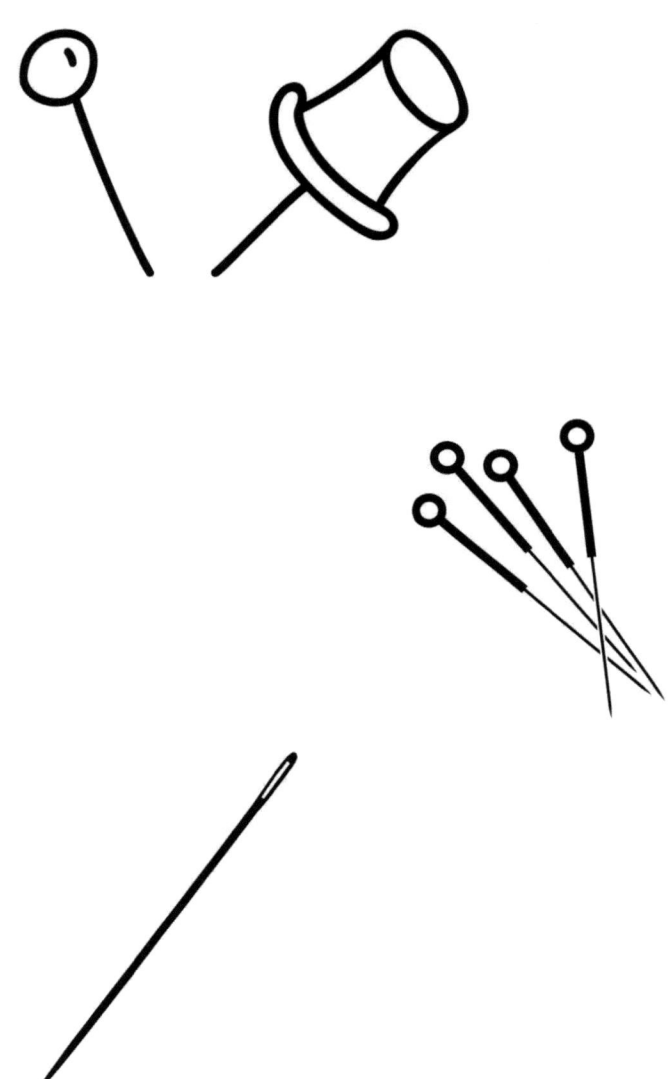

BÖSE-BOTSCHAFTEN-BASKETBALL

Gibt es etwas, was du einer bestimmten Person gerne mal sagen würdest? Vielleicht würdest du gerne mal so richtig drauf losmeckern, hast dich aber noch nie getraut? Das ist deine Chance! Male hier das Gesicht dieser Person auf – mit einem großen, offenen Mund. Danach reißt du das Bild raus und befestigst es oben an einem Türrahmen. Auf die nächste Seite schreibst du alles, was du loswerden willst, auf und zielst auf den Mund der Person. Wie viele deiner Botschaften muss sie schlucken?

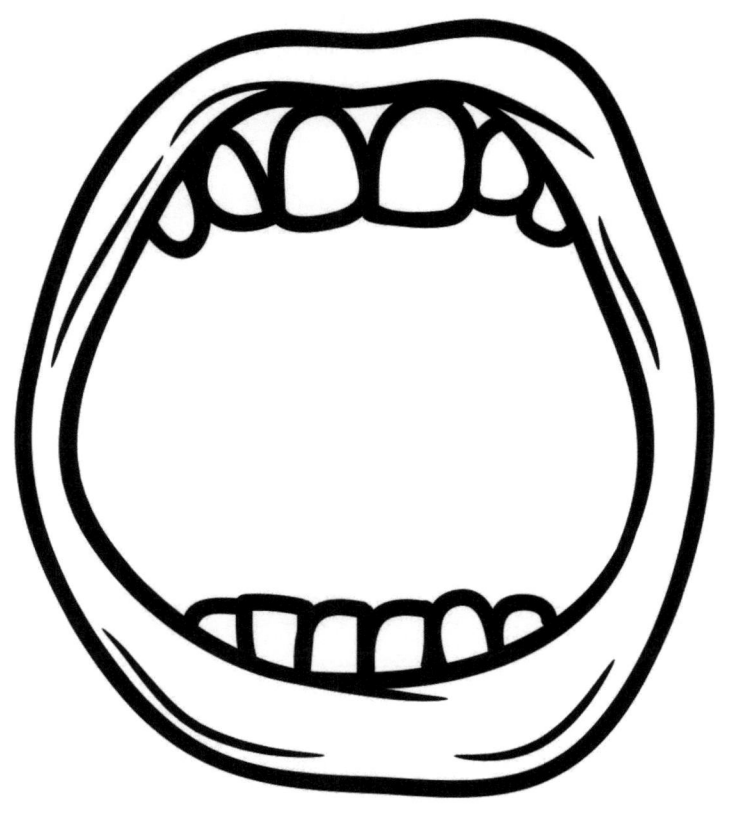

HIER IST PLATZ FÜR DEINE SCHONUNGSLOS EHRLICHEN ODER AUCH FÜRCHTERLICH FIESEN BOTSCHAFTEN!

Schütte spucke und kleckere ein Getränk auf diese Seite!

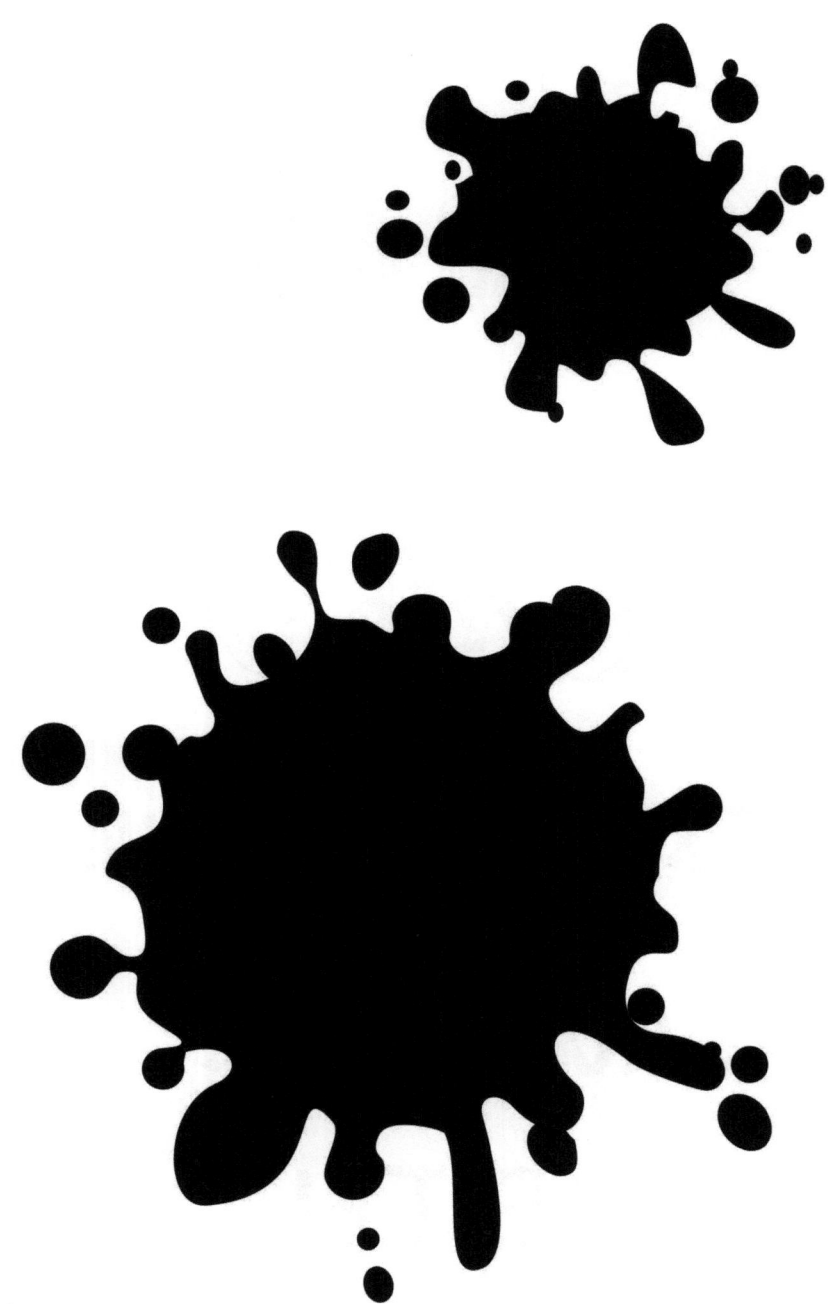

PUNCH-PAGE

Reiße diese Seite raus und leg sie auf ein Kissen. Box dann wie wild darauf herum. Vielleicht willst du auch noch etwas auf die Seite draufschreiben oder ein Foto von einer Hassperson draufkleben.

KEINE GNADE!

Reiße diese Seite heraus und zerstöre sie so grausam wie möglich. Vielleicht willst du sie ertränken, in Stücke reißen und auch noch überfahren?

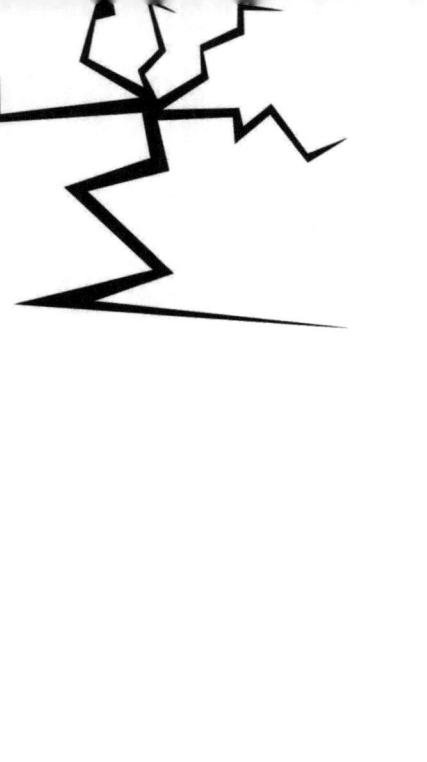

KONFETTI-REGEN

Du hast einen schlechten Tag? Vielleicht hilft ja ein Konfettiregen! Mal die Seite bunt, schnapp dir einen Locher und loche lauter kleine Konfetti-Schnipsel.

FALTEN, FALTEN, FALTEN

Manchmal will man einfach jemanden zusammenfalten. Lass dich stattdessen an dieser Seite aus. Falte sie so klein zusammen, wie du nur kannst!

BRING TRÄUME ZUM PLATZEN

Schreibe in die Seifenblasen die Träume deiner Hasspersonen und bringe sie danach genüsslich zum Platzen, indem du sie durchbohrst.

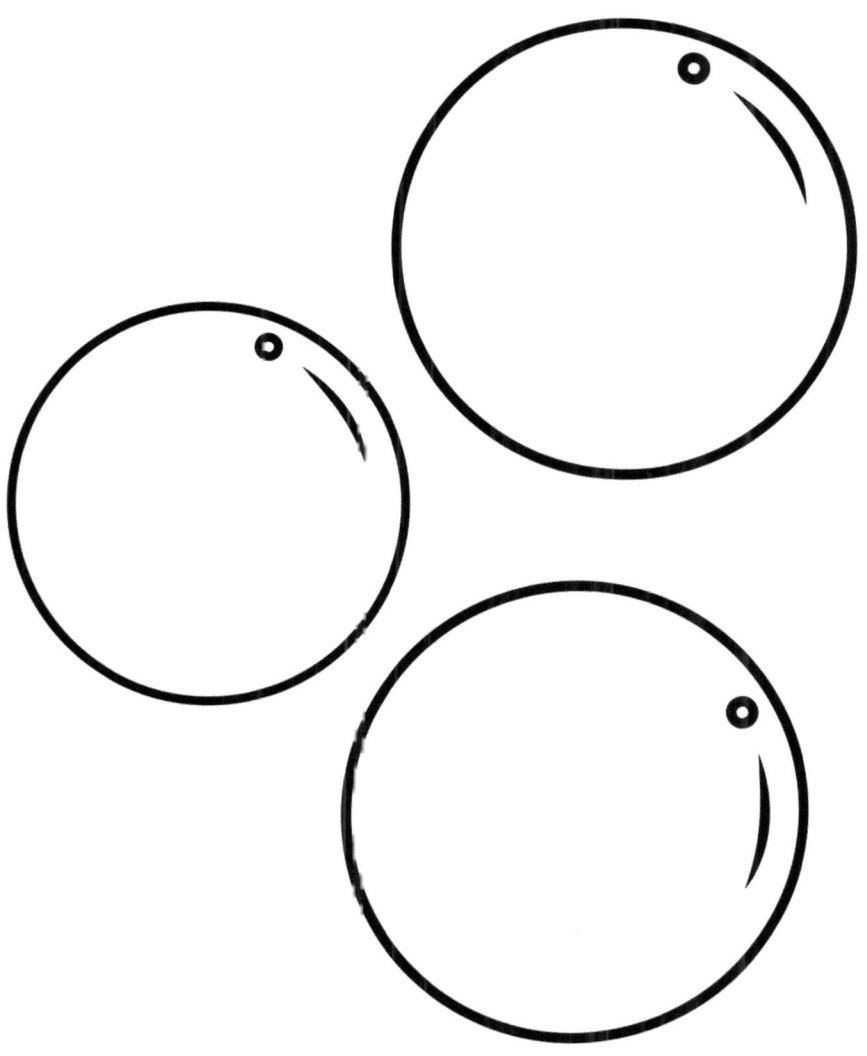

MACH DEN HOHLKOPF PLATT

Reiß diese Seite raus und rolle sie zusammen, sodass sie innen hohl ist. So hohl wie gewisse Menschen in deinem Leben? Gestalte aus der hohlen Rolle einen richtigen Hohlkopf mit Gesicht, Haaren usw. Danach kannst du dein Kunstwerk wortwörtlich platt machen: Trampel nach Herzenslust darauf herum.

Male hier deinen Hohlkopf

HASS COLLAGE

ES GIBT VIELE DINGE, DIE SO RICHTIG NERVEN KÖNNEN. WÜRDIGE SIE IN EINER HÜBSCH-HÄSSLICHEN HASS-COLLAGE! DAZU SCHREIBST ODER MALST DU AUF DEN NÄCHSTEN SEITEN EINFACH ALLES AUF, WAS DU SO GANZ UND GAR NICHT LEIDEN KANNST. SCHLECHTES W-LAN? LÄSTEREIEN? STEIN IM SCHUH? BERGE AN HAUSAUFGABEN? EGAL WAS ES IST, SCHREIB UND MAL ALLES AUF, WAS DIR EINFÄLLT, UND REISS ES ANSCHLIESSEND AUS. FALLS DU ZEITSCHRIFTEN ODER FOTOS VON NERVIGEN LEUTEN RUMLIEGEN HAST, KANNST DU DIE NATÜRLICH AUCH VERWENDEN.

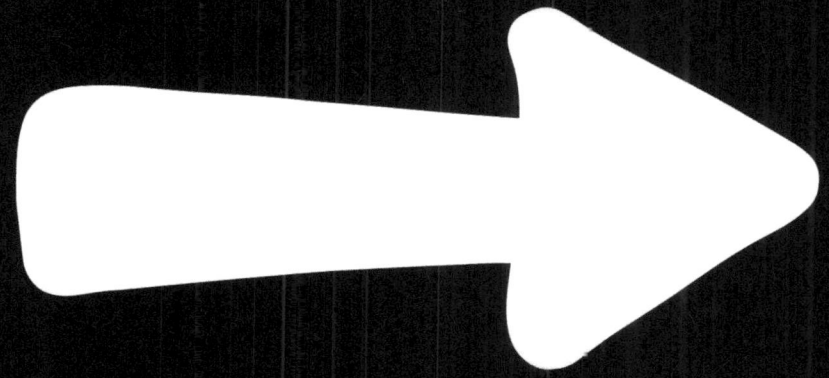

HASS

Klebe auf dieser Doppelseite jetzt alles auf. So wird daraus eine richtige Collage mit Wörtern, Bildern und Zeichnungen voll HASS!

Hier ist Platz für alles, was du hasst.

COLLAGE

Aber das alles ist besser hier aufgehoben als in deinem Kopf!

Schon klar, Menschen zieht man nicht in den Schmutz.
ABER weil's so schön ist:

ziehe diese Seite durch den Dreck! gnadenlos!

LÖSUNGEN

Seite 6

Seite 18

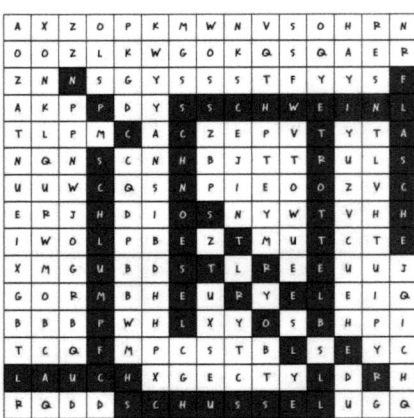

Seite 37

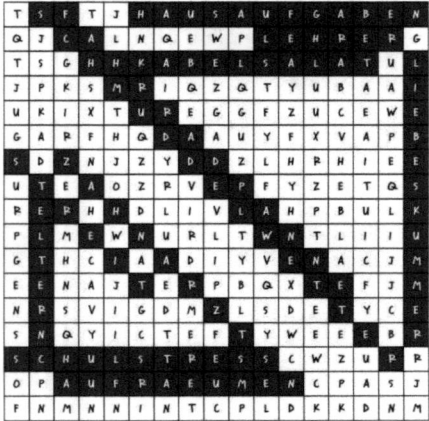

LÖSUNGEN

Seite 48

(1) Scheisser
(2) Tasche
(3) Gram
(4) Dampf
(5) Lappen
(6) Quassel
(7) Schlau
(8) Stiefel
(9) Tauge
(10) Arsch

Seite 52

P	D	G	R	J	I	G	G	M	S	F	U	F	N	I
N	O	F	U	M	R	L	H	F	P	U	U	Y	Y	I
C	L	R	B	F	A	W	E	O	L	K	J	Y	N	X
R	P	I	B	L	X	C	N	H	S	T	R	X	A	K
I	M	E	S	I	F	H	H	M	U	T	Q	L	J	G
N	J	N	X	R	R	R	B	O	N	P	I	H	I	K
G	Q	D	D	T	W	J	E	S	G	V	I	N	B	D
E	P	Z	U	F	F	Q	O	N	T	E	U	Q	G	E
Z	Q	O	Z	A	V		M	T	E	R	H	C	I	T
S	P	N	J	I	S	T	Y	V	U	M	E	A	M	M
O	Z	E	J	L	U	T	G	Q	W	T	Y	I	B	O
W	B	Z	I	C	K	E	N	K	R	I	E	G	T	E
P	W	K	I	T	S	C	H	H	N	W	D	Y	B	A
L	N	C	Q	E	G	O	T	R	I	P	Y	I	A	D
T	U	U	F	H	T	F	Z	T	A	D	R	A	M	A

Seite 61

Armes Schwein
Arschloch
Stimmungskiller
Scheiße!
Warmduscher
Arschgeige
Fahr zur Hölle!